인생, 대차대조표

선형기 시집

세종문화사

시인의 말

한 사람이 한 사람을 만나는 건
큰 사건
천상의 두 별들이 만난 듯
엄청난 기적이다

우연히 만난 인연도 소중하지만
이 귀한 시간에 좋은 문우들 만나
詩想에 빠지는 인연은
분명 황홀한 축복이다

소중히 지키고 닦아
이백과 두보가 되고
아니 소월이나 목월이 된다면
서양의 바이런이 샘이 나겠지

매일 뜨는 해가 다르듯
매주의 만남이 새롭다
인연의 끈은 시상이 되어
어설피 탄생한 시가 여기 머문다

        2025년 여름에

차례

시인의 말 ···· 3

제1부 남자와 여자

탄생기 ···· 10
기도 ···· 12
4월 ···· 13
가시나무 ···· 14
거시기 ···· 16
공감 시대 ···· 17
남자와 여자 ···· 18
늙은 멋 ···· 19
부부 ···· 20
어머니 말씀 ···· 21
내가 본 6·25 ···· 22
살다 보니 ···· 24
분별없는 세상 ···· 26
문자박물관 ···· 28

제2부 화목을 위한 3소 5쇠

인간사 ···· 30
인생, 대차대조표 ···· 31
젊은 불꽃 ···· 32
철들다 ···· 34
화목을 위한 3소 5쇠 ···· 36
강도와 빈도 ···· 37
거울 앞에서 ···· 38
넋두리 ···· 39
깡통 철학 ···· 40
깨달음 ···· 41
날벼락 ···· 42
누님 ···· 43
병사의 기록 ···· 44
아끼지 말자 ···· 45
언어에 갇히다 ···· 46

제3부 령 넘어 또 고개

여름 ···· 48
나의 애첩 ···· 50
령 넘어 또 고개 ···· 51
울 어매 카톡 ···· 52
오덕의 삶 ···· 53
우리의 사계(四季) ···· 54
장마 ···· 55
파도는 ···· 56
행복 ···· 57
황혼에 서서 ···· 58
노익장 ···· 59
과욕 ···· 60
말 한마디 ···· 62
산을 좋아하면 ···· 64

제4부 철없는 경제학

살면서 생각하며 ···· 66
묘비명 ···· 68
생선 장수 ···· 69
세상사 공평하다 ···· 70
인동초 2 ···· 71
인맹(人盲) ···· 72
인생 팔십 ···· 73
장자(莊子)의 가르침 ···· 74
철없는 경제학 ···· 75
화격(花格) ···· 76
후회 ···· 78
건감선로(乾感先老) ···· 79
기(夔) ···· 80
바뀐 세상 ···· 81
첫눈 ···· 82

제5부 불의의 먹잇감

上善若水 ···· 84
워케이션(Worcation) ···· 85
청룡과 청사 ···· 86
청명 아침에 ···· 88
회한(悔恨) ···· 90
불의의 먹잇감 ···· 91
3과 9 ···· 92
천둥 없는 벼락 ···· 94
콜로세움 ···· 96
장 트리오 ···· 98
늙어 보면 안다 ···· 100
중용(中庸) ···· 102
나는 자연인 ···· 103
전우야 잘 자라 ···· 104
참전의 추억 ···· 106

〈해설〉
인간사는 언어예술로만 그려 낼 수
있다는 시인의 존재가치 찾아가기 ···· 108

제1부
남자와 여자

탄생기 / 기도 / 4월 / 가시나무 / 거시기 / 공감 시대 /
남자와 여자 / 늙은 멋 / 부부 / 어머니 말씀 /
내가 본 6·25 / 살다 보니 /
분별없는 세상 / 문자박물관

탄생기

해방되기 이태 전 가을
동네 가장 큰 행사인 운동회가 열리고 있었다
운동장에는 태극기만 없는 만국기가 펄럭거리고
동네 사람들은 가장 좋은 옷을 꺼내 입고
과일이 넘쳐나고 엿장수 가위 소리가 요란하다
면장 주재소장 금융조합장 우체국장까지 임석
아들 넷, 딸 넷을 둔 우리 어머니는
머리띠에 반바지 차려입고
운동장에서 뛰고 있는 자식들 점심을
바리바리 이고 지고 운동장으로 가다가
갑자기 진통으로 산기를 느껴
교무실로 옮겨 온 동네 아낙들이 산파가 되어
아들 하나를 받아 냈으니 바로 나다
동네 유지 기관장이 십 엔 이십 엔씩 걷어 주고
그래도 어머니는 부끄러운 줄도 모르고 당당했다
아버지는 보이지 않고
그때부터 운동회 날 운동장에서 난 놈
날 때부터 동네가 시끄러웠으니
뭐가 돼도 될 놈이라는 소리 들으며 자랐다

나는 어려서부터 책보다 운동
방 안에 있는 시간보다는 산과 들 운동장으로
남이 하지 않는 일만 골라 온갖 일을 다 해 봤다만
애써 낳은 부모의 기대에는 미치지 못하고
부모와 그 많던 형제자매 산파들도 다 떠나고
나만 남아 이제 힘도 없고 힘쓸 일도 없다
이 가을 먼저 간 조상 산소나 찾아
누울 자리 하나 부탁하는 것이 마지막 할 일
사는 것은 누구나 다르지 않다

기도

나이엔 졸업이 없고
즐거움엔 정년이 없으며
건강엔 브레이크가 없다
인생살이엔
돌아가는 유턴이 없으며
인생은 다시라는 말이 없고
쉼표는 있으나 마침표가 없다
좋은 사람은
마음에 담아 두기만 해도
즐겁고 행복하다
내가 사랑하고 존경하는 분
모두 행복했으면 하고
오늘도 기도한다

4월

생명들의 박동 소리가 들려온다
추위에 떨던 나무들이 제철을 만나

꽃을 피워 내고
연록의 새순들이 싱그럽기 그지없다

감나무 모과나무 새순이 돋아
생명의 등불을 밝히면

남녘에는 벚꽃이 만발하고
색다른 봄꽃들이 산천을 뒤덮는다

쏟아지는 햇볕 받으며
우울했던 그늘을 말리는 4월

누구나 시인이 되고
편지를 쓰고 싶어지는 달

오늘은 편지를 쓴다
수신자 없는 계절의 편지를

가시나무

탱자 찔레 장미 아까시나무
꽃이 아름다워도
빈약한 가지에 가시가 사납다

가시 돋쳐 한 아름 된 나무는 없다
가느다란 가지를 지키기 위해
안간힘을 다해 가시를 만든 나무
바람 피하지 못한다

입에서 나오는 말가시
욕망을 위한 주먹가시
사는 것도 마찬가지
가시가 없는 사람이 성현이 된다

가시 감춰 꽃을 피우고
향기를 뿜어 현혹하는 가시나무는
오래 살 수 없고
큰 나무가 되지 못한다

가시 없이 너그러운 거목이 되고
적재적소에 필요한 나무가 되려면
날카로운 가시를 거두고
의젓한 자세로 큰 눈을 떠라

거시기

거시기한 남편과
거시기한 아내가
거시기할 일이 있어
햇볕 무릅쓰고 나들이를 한다

몇 걸음 걷지 않아
흐르는 땀방울

여보 저것 좀 거시기하네
너무 많이 걸었나 거시기하구먼

정류장쯤 걸어와 거시기 탈까

거시기 가서 그것도 좀 사고
가는 길에 거시기네 가서
거시기들도 좀 보고 그럽시다

펼쳐 든 양산 밑에서
고개만 끄덕거려도
모두 다 알아듣는 거시기

공감 시대

우산을 만들어 파는 사람
빌려주는 사람
동행하며 씌워 주는 사람
모두 모두 고마운 사람

각자의 삶을 위하여
남과 함께 걸어가는 그런 사람들
더 고마운 사람은
비를 맞으며 아픔을 나누는 사람

그걸 알고도 저희만 옳다는
나랏일 보는 사람들
아무리 떠들며 잘난 체해도 누가 알아주는가

우산 하나의 고마움을
함께 가는 즐거움을
쥐여 줘도 모르는 정치꾼들

입으로 주는 것 누구도 고맙게 받지 않는다
함께 비를 맞으며
먼지 한 톨이라도 나누기 전에는

남자와 여자

남편은 꼭 필요한 10원짜리 물건을 20원에 사 온다
여자는 필요하지 않은 20원짜리 물건을
10원에 사 온다

여자는 결혼할 때까지만 미래에 대해 걱정한다
남자는 걱정 없이 살다가 결혼하고 나서
걱정이 생긴다

성공한 남자란
마누라가 쓰는 돈보다 많이 버는 사람이다
성공한 여자는 그런 남자를 만나는 것이다

여자는 결혼 후 남자가 변하길 바라지만
남자는 변하지 않는다
남자는 결혼 후 여자가 변하지 않길 바라지만
여자는 변한다

부부간에 말다툼을 하면 마지막 말은 여자가 한다
마지막 말을 남자가 하면 새로운 싸움이 시작된다

그래도 잘도 산다

늙은 멋

나이가 든다는 것은
아름다운 일이다

마음을 비우고 살 수 있고
여백에 갖가지를 담을 수 있고
시기와 질투가 떠난 자리에
사랑과 너그러움을 채울 수 있다

남의 잘못은 보이지 않고
잘한 것만 보이는 마음의 눈 뜨고
시간에 쪼들리지 않으며
흰 구름을 볼 수 있어서 좋다

모든 것을 잊어도
가슴 아파하지 않는 여유

늙는다는 건 고귀하고 아름다운 것
이제 알았으니 멋지게 살자

부부

부부란 반쪽의 두 개가 아니라
그 자체가 하나
일체이므로 주머니도 하나

피차 실수를 흡수하는 호수이다

좋은 남편은 귀머거리요
좋은 아내는 소경이다

좋은 남편은 골라서 듣고
좋은 아내는 골라서 본다

좋은 남편은 고개로 사랑하고
좋은 아내는 눈으로 사랑한다

아내의 인내는 남편을 살리고
남편의 인내는 아내를 웃게 한다

어머니 말씀

세상에 쓸데없는 사람은 없는 기라
산에 나무를 봐라
굵고 참한 건 기둥이 되고
가늘고 휘어진 것은 서까래
손에 쥘 만하믄 괭이자루 어깨 갈라지면 멍에
두 가지로 뻗은 가지는 지게로 안 쓰나
그것만도 못하믄 빗자루나 울타리로 쓴다
사람도 마찬가진 기라
밥하는 놈 따로 있고 묵는 놈도 따로 있듯이
말 잘하믄 변호사 힘 잘 쓰믄 씨름꾼
연장 잘 다루믄 대목쟁이
헛간 짓는 놈 와개 짓는 목수 전부 다른 기라
하나라도 빠져 봐라 세상이 돌아가것나
동네가 제대로 되겠나
어쩌든지 싸우지 말고
베풀어 감시로 사람답게 살아라
아참 때맞춰 밥이나 묵고 댕기나
밥심으로 사는 기다
굶고 다니면 아무것도 못 헌다
명심하거레이

내가 본 6·25

일곱 살 때 전쟁을 보았다
밤새 잡은 빨치산 주검이 지서(支署) 마당에 있다
윗동네 아무개 누구란다
한 아짐은 멀리 숨어서 울고 있고
어느 아재는 짚세기 발로 죽음을 차고 있다

밤이면 빨치산 밥해 주고 낮에는 경찰 심부름
교실 앞에는 이승만, 뒤에는 이현상*
틈틈이 빨치산 쪽지 심부름
난리가 났는데도 무섭지 않다

교실은 불타 창고 바닥에서 공부하고
어제의 선생님이 오늘은 보이지 않는다
UN에서 보내 준 마분지 교과서는
빨치산 횃불 쏘시개
뺏긴 교과서 달라는 아이는
발길에 차이고도 무섭지 않다

아이들은 아이들대로 어른은 어른들대로
온종일 동네 뒷산만 힐끗힐끗 쳐다본다
어젯밤 넘어간 손님이 오늘 밤 또 오려나
그래도 무섭지 않았다

아무도 찾지 않던 동네에 국군이 왔다
국군이 오니 많은 사람이 죽어 나간다
고발 숙청 총살,
그때는 전쟁이 무서웠다, 일곱 살 아이에게도

***이현상**: 6·25 때 남부군(빨치산) 사령관

살다 보니

세상이 심상치 않다
영리하고 똑똑하고
계산 빠르며 이문에 밝다
영리하다 못해 영악하기까지 하다

똑똑한 사람을 따라 할 수는 있으나
어리석은 자를 흉내 내기는 어렵다
영리한 사람은 상처를 줄 수는 있지만
어리석은 사람은 사랑을 받는다

알고도 모르는 척
못난 척하며 낮추며 사는 것이
도움 되는 세상이다

연륜이 가르친다
나이는 거저먹는 것이 아니다
노년의 아름다움은 성숙함
깨달음은 지혜다

손이 커도 베풀 줄 모르면
발이 넓어도 머무를 곳이 없고
지식이 겸손을 모르면 무식만 못하고
높음이 낮춤을 모르면 존경받기 어렵다

어리숙한 모습으로 사는 게
삶의 경전이다

분별없는 세상

혼돈과 무질서가 휘몰아치는 세상

찬물도 위아래가 있고
지게꾼도 순서가 있으며
적산 가옥도 번지수가 있는데

질서와 법도 없이 야만이 득실거리고
양심을 버린 자가 즐거워한다

도덕이 사라지고
욕망만 판치는 세상
무엇으로 바로잡을까

죽은 조상을 살려 내도
그들은 모른다고 할 것이니
누가 이름 불러 광장에 세우랴

분별의 눈을 만드는 건
혼자 이룰 수 없으니
대낮 큰 거리에서 도덕경을 읽자

조상께 부끄럽지 않고
후손들에게 민망하지 않으려면
이제라도 정신 차리고 분별 있게 살자

참새도 낯짝이 있어야지

문자박물관

소리에서 언어로 그림에서 기호로
인류의 위대한 발명 문자

사람을 이어 지식을 전하며
문자로 문명을 빚고
대자연을 펼쳐 우주를 그려 내며
사랑을 표현한다

바벨탑 이전에는 어떠했을까
구텐베르크 성서의 여호수아서
자랑스러운 한글 가운데를 차지했다

만물의 영장임을 보여 주는
세계 문자박물관

말을 하면서부터
언어 이전 역사와 문자 이후의 문명을
파노라마로 펼친 인류의 전당

제2부
화목을 위한 3소 5쇠

인간사 / 인생, 대차대조표 / 젊은 불꽃 / 철들다 /
화목을 위한 3소 5쇠 / 강도와 빈도 /
거울 앞에서 / 넋두리 / 깡통 철학 /
깨달음 / 날벼락 / 누님 / 병사의 기록 /
아끼지 말자 / 언어에 갇히다

인간사

새가 살아 있을 때는 개미를 먹는다
새가 죽으면 개미가 새를 먹는다

잊지 마라
지금 힘이 있을지라도
무서운 것은 시간이라는 것을

나무 하나로
백만 개 성냥개비를 만들고
성냥개비 하나가
나무 백만 그루를 태운다

잊지 말라
작고 약하다고 얕보지 마라
인생사 돌고 돌아 약자가 강자 된다

산다는 건
모두가 시간문제다

인생, 대차대조표

인생을 결산해 보면 결국 합은 같다

본전만 된다면 노름이 재미있고
죽지만 않는다면 전쟁도 해 볼 만하고
들키지만 않는다면 바람도 피울 만하다

인생은 파도다
또 다른 어떤 파도가 밀려올지 모른다

냄비 속 개구리의 교훈을 기억하라
적당량의 고뇌의 파도는 각오하라
하늘은 이겨 낼 만큼 고통을 준다

삶은 이겨 내는 과정의 연속이고
살아간다는 것은 견뎌 내는 것이다

인생 별거 아닌 대차대조표
남에게 피해 주지 않고 큰 손해 없으면
그게 한평생 잘 사는 거다

젊은 불꽃

올바른 양심과 건강한 육체로
넘치는 매력을 과시하며
불타는 정열로 청운의 꿈을 꾸는 젊은이

앞을 보지 못하면서도
양심의 눈으로 매력을 발산하는 사람
듣지 못하면서도
뜨거운 정열과 건강한 신체로 씩씩하게 걷는 사람
걷지도 못하면서 재벌이 된 사람도 있고
불치의 병에도 어려운 환경을 이겨 낸
그런 사람들이 있다

사흘만 눈을 떠 봤으면
동네 한 바퀴만 걸어 봤으면
엄마의 목소리라도 한번 들어봤으면
그런 평생소원을 가진 사람들 봤는가

이목구비 사대육신 멀쩡하면서
무엇이 두렵고 모자라
제자리에 멈춰 꼼짝하지 않는가

꿈을 가져라
민족이 원하는 사람이 되어
이 땅의 정기 위에 너의 불꽃을 피워라

철들다

오늘은 어버이날

어머니는 첫사랑 같은 건 없으신 줄 알았다
친구가 한 사람도 없는 줄 알았다
절대 아프지 않는 분인 줄 알았다
원래부터 잠도 없는 줄 알았다
좋아하는 옷과 화장도 관심 없는 줄 알았다
어머니는 영원히 내 곁에 있을 줄 알았다
친정 같은 것은 없는 줄 알았다
대학도 나오고 운동선수인 줄 알았다
쌀밥과 고기는 절대 싫어하는 줄 알았다

아버지는 쉬는 것을 싫어하는 줄 알았다
웃음도 모르는 줄 알았다
어머니 외에 아는 여자가 없는 줄 알았다
배가 불러 밥상에서 일찍 일어나는 줄 알았다
양복에 넥타이 매는 것을 싫어하는 줄 알았다
주머니에는 항상 돈이 있는 줄 알았다
좋아하는 운동 취미도 없는 줄 알았다
겁나는 것이 하나도 없는 분인 줄 알았다
눈물도 한 방울 없는 분인 줄 알았다

나는 그것을 아는 데 오래 걸렸다

아내를 맞이하고 자식을 키우고 나서야
아버지 어머니 고생이 얼마큼인지 알았다

화목을 위한 3소 5쇠

마누라의 말 무조건 "옳소!"
하는 일은 모두가 "잘했소"
토 달지 말고 "알았소"

궂은일은 도맡아 하는 "마당쇠"
모른 척하는 "모르쇠"
트집 잡힐 말은 절대 하지 않는 "자물쇠"
돈은 아껴 쓰는 "구두쇠"
밤에도 열렬히 봉사하는 "변강쇠"

3소 5쇠의 따르릉
만사가 화평하고 생기가 넘친다

강도와 빈도

삶은 조절하기 나름이다

소나기보다 가랑비
퇴직금보다 연금
사랑도 강도보다 빈도

몇몇 사람의 재벌보다
모두가 살 만해야 좋은 나라
국민의 행복지수가 높은 나라

불같이 사랑하다 헤어지느니
오래오래 은근한 사랑이 빛나는
북극성보다 은하수 사랑

강하면 부러지고 깨지지만
능청하게 조절한다면
깨지지는 않는 삶

산다는 건
마음먹기에 달렸다

거울 앞에서

아이 깜짝
이게 누구야
어디서 많이 본 듯하고
잘 아는 사람 같은데
머리는 희끗희끗
얼굴은 쭈글쭈글
똥배도 나오고
하체는 샐쭉
도대체 누구란 말이냐
자세히 보니 바로 나
한동안 안 보았다고
그렇게 변할 수 있나
별생각이 다 들면서 삶을 뒤돌아본다
능력이 없으면서 버티고 이겨
여기까지 오면서 모든 게 변했구나
씁쓸한 마음 가누기 어려운 나를 보고
아내는 왜 그러느냐 묻는다
이렇게 변하여
매력이라곤 찾아볼 수 없으니
아내와 각방을 쓸 수밖에

넋두리

스무 살은 자연의 선물이고
쉰 살은 관록의 표시다
혼자 있을 때도 도리에 맞게
들춰 봐도 부끄러움 없이
해 질 무렵 호수에 비친 석양 앞에서
흰머리에 주름진 얼굴을 사랑하며
손에 쥔 것 없어도 무탈하게
나누어 주고도 보답 바라지 않았다
거름이 과하면 썩게 되고
지나치게 맑은 물에는 고기가 못 사는데
상대의 잘못을 눈감아 줄 때도 있고
옳은 말도 너무 강하면 반감
나눈 것은 잊고 받은 것은 기억하며
고마워하며 말년을 장식하자
존경받지 못할망정 욕은 먹지 말고
나이는 잘 먹어야 한다

깡통 철학

빈 깡통은
흔들어도 소리가 나지 않고
꽉 채워도 소리가 나지 않는다
뭔가 들어 있어야 소리가 난다

사람이 그렇다
아는 것이 없는 사람
조금 아는 사람이 시끄럽다
많이 아는 사람은 조용하다

책 한 권 읽은 사람이
수백 권 읽은 사람보다
더 많이 아는 척
군중 앞에서 떠들어 댄다

많이 읽은 사람보다
한 권만 읽은 사람이 아는 체한다

깨달음

떼 지어 살아가던 까마귀가
백조의 하얀 자태에 반하고
앵무새의 화려한 모습이 부러워
백조는 날개를 접는다

앵무새는 공작을 부러워하고
공작은 훨훨 날아다니는
까마귀가 부러워
가시나무에 부딪친다

비교하지 마라
자신에 만족하는 사람이
가장 행복한 사람이다

날벼락

큰 구름 덩어리가
하늘 쓸며 떠다닌다
서서히 검은색으로 변하더니
험악한 인상을 쓴다

머리에는 뿔이 나고
울퉁불퉁 심술이 나기 시작하더니
못된 동네에 소나기 총을 쏜다
백성들은 혼비백산
자기 동네로 올까 봐 안절부절
온갖 대비책을 찾는다

갑자기 햇볕이 쨍쨍
정수리에 불벼락을 내리꽂는다
시도 때도 없이 겁주는 소나기구름
며칠째 무섭게 내려다보고 있다

죄 없는 걸음은 편안하게
가면 쓴 걸음들은 불안하게
하늘 올려다보며 걷는다

누님

누님 우리 누님
혼자되어 앓고 있는 우리 누님
험하고 긴긴 세월 갖은 고초 이겨 내고
일솜씨 살림 솜씨로 온 동네 칭송받다가
뼈에 가죽만 남아 동생도 몰라본다
명철하기 그지없더니 치매가 웬 말이요
통증 못 참아 의사한테 구박받고
거동이 불편하다며 먼 병원에 와서
몸도 못 가누는 우리 누님
아버지 어머니보다 더 살았소
사랑하는 애들 고생 그만 시키고
어서 데려가 달라고 하늘에 애원하지마는
나도 차마 누님 모습 보기가 민망하오
인생의 마지막이 이렇게 허무할까
팔십 넘은 동생도 머지않아 갑니다
모든 미련 버리고 저승에서 만나
못다 한 일 함께 이루고
부모님이 가신 길 따라 우리 갑시다

병사의 기록

인류의 역사는 전쟁으로 쓰고
전과의 기록은 군인의 몫이다
승패는 병사의 사기에 달렸고
그 힘은 국민에게서 나온다

조롱당하고 무시당하면 이길 수 없다
멸시하는 국민을 위해
총탄 앞에 나서지 않는다
장렬하게 싸우고 명예롭게 돌아오라
이 말 한마디에 목숨을 거는 것을
우리는 역사에서 눈 아프게 읽었다

아직도 군인을 무시하는 나라
전쟁이 끝나지 않았는데
나라에 목숨 바친 군인을 잊었다
이런 나라에서 누가 목숨 걸고 싸울까

군을 무시하고 능멸하는 자들은
서둘러 도피처를 만들었을까
여우 굴은 감춰 둔 출구가 많다는데

아끼지 말자

허리를 조금만 더 숙이면
정중해 보일 텐데 그걸 아낍니다

말 한마디라도 조금 더 친절하면
서로 기분이 좋을 텐데

도움을 준 사람한테 감사합니다 하면
또 도와줄 텐데

실례를 저질렀으면 죄송합니다 하면
끝날 일인데 그걸 아낍니다

좋아하면 사랑이 이루어질 텐데
그걸 아껴 망조가 듭니다

살아 있을 때 마음껏 쓰세요
남는 것 하나도 없습니다

언어에 갇히다

시가 뭔지 모르면서 시를 쓴다
바탕의 기본을 갖추지 못했으면서

음률은 무엇이며 심상은 무엇이고
주제는 어떻게 잡는 건지
은유와 환유는 또 무엇인가

시 잘 쓰는 사람을 보면
온 세상에 떠다니는 시를 그냥
주워 오는 것 같은데
밤낮 찾아다녀도 보이지 않는 시
항상 어둠에 묻히고 상상에만 머문다
번개처럼 스쳐 가는 시의 인식은 아득하다

첫 구절은 신이 내려 준다고요
첫 구절만 수십 줄 그게 다입니다
강박관념에 묶여 몸부림치다가 벌써 먼동이 틉니다

아직 시를 그리고 있는 나는
언어에 갇힌 떠돌이별
누가 나 좀 꺼내 주시오

제3부
령 넘어 또 고개

여름 / 나의 애첩 / 령 넘어 또 고개 /
울 어매 카톡 / 오덕의 삶 / 우리의 사계(四季) /
장마 / 파도는 / 행복 /
황혼에 서서 / 노익장 / 과욕 /
말 한마디 / 산을 좋아하면

여름

문명은 국경이 없다
황해를 건너온 황하문명이
좋은 것도 있고 쓸모없는 것도 많다

농사에 도움을 주는 기상절기는
잘 써먹는 것 중의 하나
보름씩 이십사절기로 나누어
입춘에서 대한까지

여름은 하지에서 입추까지
가장 바쁘고 활기찬 계절

입하는 여름의 시작
소만은 만물이 잘 자라는 절기
보리가 익고 모를 내야 하는 망종
해가 길어져 더워지는 하지
모두가 바빠도 그늘 찾는다

다가올 겨울까지 대비하는 여름
냉면 수박 오이냉국으로 더위를 이기고
바쁜 일상에도 피서를 즐기며
더위와 장마로 추억을 갖는다

산다는 건
사계의 변화에 맞춰 숨 고르는 것
문명은 고난에서 생겨나고
삶은 고달픈 여정이다

나의 애첩
- 죽부인 -

염제의 극성이 가혹해지면
말 많고 열 많은 아내를 피해
그녀의 바람을 안는다

서늘한 가슴을 품고
귀 대고 잠들면
시원한 댓잎 바람 소리

역한 분 냄새 대신
죽향이 그윽하다

밤새도록 안고 뒹굴어도
짜증 한번 내지 않는

여름 한 철
둘도 없는 나의 애첩

령 넘어 또 고개

가파른 보릿고개
부황 든 얼굴로 어질어질 넘었다

험준한 IMF 고개
금붙이 모아 주고 겨우 넘었더니

재 넘어 험준한 턱 고개
또 남았는가

여의도의 양말산 독주고개
높이를 알 수 없는 하늘 향한 폭주

강남 양반들은
벤츠 타고 잘도 넘는다마는

우리는 달동네 고개 넘기 힘들어
환각술인 줄 알면서도
벌컥벌컥 마시며 기어간다

울 어매 카톡

야야 밥이나 제때 묵고 댕기냐
에미랑 아들은
새로 머시냐 꼬로낭가 먼가 온단다
사람덜 피해 댕겨라 사람이 젤 무서운겨

올여름은 징그럽게 덥어서
시안은 고만콤 추울 틴디

느그 새끼덜은 또 어찌 살았을까잉
시상이 시끌시끌 허니 걱정이다
어쩌던지 맴 단단이 묵고 살아라

너도 몸뗑이는 커 갖고 힘들지야
어쩌던지 잘 묵고 잘 자야 한다
나는 느그 아부지랑 잘 산다
우리 걱정 말고 잘 살아라

술 그만 쬐끔만 묵고 밥 잘 챙겨 묵어라
그저 그저 오래 사는 것이 최고여
날마다 늙어 가는 것을 본께 가슴이 쫄아든다
야야 정신 차려라

오덕의 삶

애달프고 불쌍하기 그지없는
한여름 울음꾼

한두 이레 살기 위해
칠 년 동안 굼벵이 살이

짝짓기 위해 얻은 날개의
거룩한 몸 떨기

땅속에서 나무로
나무에서 하늘로

반복의 우화
애환으로 끓어도

남겨 놓은 익선관에
오덕의 삶을 펼치는 매미

우리의 사계(四季)

봄 여름 가을 겨울 이름이 정겹다

봄은 따뜻해서
여름은 뜨거워서
가을은 선선해서 좋으며
겨울은 시원해서 좋다

아니다
봄은 봄이라서
여름은 여름이라
가을은 가을다워
겨울은 그냥 겨울이라서 좋다
어느 하나 나쁜 것이 없는
우리의 사계

항상 뜨겁고 항상 추워서야 어디 살겠는가
이것도 저것도 아닌 동네에선 더욱더

이제 한여름
정수리에 불이 나고 등짝이 따끈따끈하니
이 또한 즐길 만하지 않은가

장마

처음 만나던 날 비가 왔었지
비는 나를 **情夫** 당신을 **情婦**로 만들었오

그때도 장마철
비를 좋아하는 당신과 나는
마흔 몇 해의 장마철을 보냈네요

장마와 함께 만난 당신이
장마가 시작하자마자 세상을 떠났구려

촉도 구만리를 어이 혼자 가려 하오
당신을 보내고 돌아오는 길
쏟아지는 빗줄기 사이로 당신이 보이네요

오갔던 편지와 사진을 보고 있는데
우리가 보던 가요무대의 화려한 막이 오릅니다

칼날같이 예리한 이별의 아픔을 시험하듯
장맛비와 가요무대가
당신이 떠난 길로 잡아끄는 듯
당겼다 놓았다 빗속으로 옵니다

파도는

탈옥을 노리는 푸른 죄수
넘실넘실 기회를 엿본다

잠도 안 자고
길길이 뛰어도 보고

기어코
뭍으로 탈출을 시도한다

앞을 막는 바위를 들이받는다
제 몸이 하얗게 부서진다

받고 또 받고 아무리 용을 써도
탈출할 수 없는 무기수의 몸부림

어디가 끝이냐 얼마큼 올라야 땅이냐
삶은 앞이 보이지 않는다

행복

행복은
불행의 눈에만 보이고
죽음은
병든 눈에만 보인다

잘 달리는 사람에게
보내는 박수보다
넘어졌다 뛰는
사람에게 박수는 더 크다

행복은 마음먹기에
달렸지만
나보다 남을
내 것보다 남의 것을
귀하게 여기는
따뜻한 마음이 중요하다

다른 이가 나를 보면
이유 없이 미소 짓게 하는 것
그것이 행복
나보다 남을 위하자

황혼에 서서

황혼은 끝이 아니다
아직도 끓어 사랑의 아픔이 그립다

누가 노을을 종점이라 했나
부는 바람이 설레게 하고
떠오른 초승달 미소가 뜨겁게 달구고 있는데

해넘이 인생이 별빛 쏟아지는 낭만으로
숨소리는 뜨겁고 힘차다

수평선 너머로 돛단배 타고
뱃고동 우렁차게 펄펄 끓이며
길은 걸어온 만큼 많이 남았다

눈물 흘리지 않는다
활화산으로 뿌리며 살아온 삶
아름답게 품고 웃음 지으며
산 넘고 바라보는 삶이 얼마나 아름다운가

더 뜨겁게 사랑하며 이만큼 쌓아온 탑
보이지 않을 때까지 남김없이 나누며 활활 태우자

노익장

힘깨나 쓴다고
노익장이 아니다

인간의 뇌는 몸의 허약함보다는
마음에 민감하다
늙었다
무능하다
끝났다
순간 뇌는 일을 놓아 버린다

세상에는 팔구십 노인으로
명성을 날리는 사람이 많다
송사리가 늙어 잉어가 된 것이다

오쏜 호수는
수백 마리의 물고기 떼를 몰고 다니고
방울뱀이 다람쥐를 주식으로 한단다

소년 소녀의 꿈처럼 꿈을 포기해서는 안 된다
살아 있는 우리는 항상 청춘
그때까지 열심히 사는 게 노익장이다

과욕

욕심이 많으면 절벽을 걷는다
나는 어려서부터
옆에 아이가 공부를 잘하면
괜히 미워졌다

연극 영화를 보면 주연 배우가 되고 싶었고
축구장에 가면 축구선수
야구 구경에서는 야구선수
초상집에 가면 송장이 되고 싶은 망상

예쁜 여자는 어떻게든 사귀고
데모할 때도 앞장선 주동자였다

사람 많은 데서는 꼭 나서야 하고
술자리에서도 좌중을 압도해야 하니
얼마나 고달팠을까
떨어지면 죽는다는 심정으로
벼랑길을 걸었다

노벨문학상 받은 한강이 몹시 부럽다
나는 언제나 저 높이로 갈 수 있을까
다행인 것은
시인으로 시작
시적인 산문으로 성공했다니

시를 쓴다는 게
조금은 위로가 된다

말 한마디

오랜만에 반가운 선배를 만났다
"너 폭삭 늙어 보인다
10년은 늙어 보이는구나"
듣자마자 섭섭했다
마지막 만남이 되었다
다시 만나면
고통스러운 말을 들을 것 같아 두려웠다

어느 여인은 만나자마자
"선생님 목소리가 참 우렁차시네요
그런 목소리를 사자후라고 하죠
체격이 좋아서 그런가 보죠"
다시 만나고 싶어졌다
친근감이 금방 깊어졌다

말 한마디에
만나고 싶은 사람과
만나고 싶지 않은 사람이 명확하게 갈린다

누구를 만나든 첫마디는
나를 위한 것이 아니고
상대를 위한 말이어야 한다

가는 말이 고우면 오는 말도 곱고
가는 말이 꼬우면 오는 말도 꼽다

말로 받은 상처는 무엇으로 가릴 수 없다

산을 좋아하면

스님이 산길을 가다
얼어 죽을 것 같은 걸인을 만났다

입고 있던 외투를 벗어 주자
고맙다는 말도 없이 그냥 간다

스님이 괘씸하여 나무라자
"줬으면 그만이지 뭘 그러느냐고"

스님이 깨달았다
줬으면 그만이지

산이 좋다 하면
산이 내게 뭘 해 주기를 바라느냐
꽃이 참 예쁘다 하면
꽃으로부터 고맙다는 말 들으려나

바라지 마라 원래 네 것은 아무것도 없다
세상 누리는 것만으로 만족해야지
흙에서 왔다가 흙으로 가고
따라 든 먼지까지 네 것은 없다

제4부
철없는 경제학

살면서 생각하며 / 묘비명 / 생선 장수 /
세상사 공평하다 / 인동초 2 / 인맹(人盲) /
인생 팔십 / 장자(莊子)의 가르침 / 철없는 경제학 /
화격(花格) / 후회 / 건감선로(乾感先老) /
기(夔) / 바뀐 세상 / 첫눈

살면서 생각하며

사슴이 낮잠 자다가
머리에 밤송이를 맞고 놀라 뛴다
이를 본 노루가 덩달아 뛴다
토끼도 뒤따른다
모든 동물이 다 뛴다

이를 본 사자가 앞을 막고
무슨 일이냐고 묻는다
모른단다
왜 뛰냐고 해도
어디로 가냐고 물어도 모른단다

우리는 왜 이리 쫓기듯 바쁘게 사는가
무엇을 위해 사는가
어디를 향해서 가는가
왜 덩달아 뛰는가

인간의 모든 불행은
고요한 방에 앉아 쉴 줄 몰라서 온다

느림이란 게으름이 아니라
삶을 바로 사는 것
너무 빨리 달리면
행운이 미처 못 따라온다

값진 삶은 남의 눈치 보지 말고
여유 있게 사는 것
잠시 생각하고 살자

천천히 가야 더 잘 보인다
그래야 순간순간을 즐길 수 있다

묘비명

석 줄로 쓴 묘비명

(나도 전에는 당신처럼
그 자리에 그렇게 서 있었소)
웃음이 나왔다

(나도 전에는 당신처럼
그곳에서 그렇게 웃고 있었소)
긴장했다

(이제 당신도 나처럼
죽을 준비를 하시오)
엄숙해졌다

언젠가 우리는 삶의 끝자락에 선다

최선을 다해 후회 없이 살다가
넷째 줄을 장식해 보렴

생선 장수

날리는 눈발에 바닥이 질퍽거린다
젖은 것이 더 축축해진다
찬 바람 불고 함박눈까지 내리는 장터에서
온종일 생선을 파는 아주머니 주름진 웃음이
괜스레 마음을 젖게 한다

잠시 들어가 몸을 녹일 곳도 없이
종일 한데서 꽁꽁 언 생선을 판다
해가 저물기 전에 통 큰 손님 만나
몽땅 떨이하면 얼마나 좋을까

그래도 생선 장수는 포근한 저녁을 기다린다
팔다 남은 잡어 몇 마리로 자글자글 매운탕 끓여
온 식구가 모여 저녁을 먹는다
아이들 건강한 웃음소리에 얼어붙은 하루가 녹는다
비린내 배어 있는 엄마 품에 아이들이 파고들면
휑했던 가슴이 꽉 채워진다

생선을 팔고 국밥을 말아 팔아도
자식을 키우는 각오는 누구보다도 강하여
못내 애틋하고 가슴이 저린다

세상사 공평하다

뿔이 있는 소는 날카로운 이빨이 없고
이빨이 날카로운 호랑이는 뿔이 없다

새는 다리가 두 개뿐이고
고양이는 다리가 넷이다

예쁘고 아름다운 꽃은 열매가 변변찮고
열매가 귀한 것은 꽃이 별로다

이렇듯 세상은 공평하다

장점이 있으면 반드시 단점이 있고
때론 단점이 장점이 되고
장점이 단점이 될 수도 있다

이것이 세상사

불평하면 자신만 손해 볼 뿐
세상은 바뀌지 않는다

인동초

소월은 애틋한 사랑
신경림은 사랑의 그리움
목월 이상은
자연과 사랑을 노래했다

여름의 뜨거운 햇살 아래
너의 노란 꽃잎
바람 불어 춤을 춘다

찬 바람이 불어오면
그리움의 노래가 되고
하얀 달빛 아래 너를 생각하며
옛날의 추억을 더듬는다
너의 향기 그리운 사랑처럼
마음 깊숙이 남아 있다

소중한 사랑과 추억을
하루아침에 산산이 부숴 버린
고약한 무리가 있어
인동초는 깊이 간직만 하고 있다

인맹(人盲)

겉모습만 보고 판단하는
인맹이 너무 많다

음식 냄새는 십 리를 가고
사람의 향기는 천 리를 간다는데

사람으로 보지 않고
그저 이용만 하는 이기심

똑똑한 사람보다는 따뜻한 사람
능력 있는 사람보다는 믿을 만한 사람

이기심을 버리고 사람을 통해
배우겠다는 태도를 가지자

세상 모든 일은
사람의 힘이 모여야만 이루어진다

껍질만 보고 속을 알 수 없듯이
겉모습으로 판단하는
인맹이 되지 말자

인생 팔십

삶의 마무리 시간
지금까지의 여정을 정리하며
즐거움을 가져야지
아는 것도 모르는 척
보았어도 못 본 척
돌아서서 듣고 봐야지
살아 숨 쉬는 건 환희
인생은 즐거운 것
연장전에서 결승점은 없다
의젓하게 양보하고
마음의 짐을 내려놓고
권위를 버려야 대우받는 삶
낯선 곳을 찾아가 산책할 때도
고독을 벗 삼는 문을 열어야
남아 있는 생의 즐거움을 알 수 있다

장자(莊子)의 가르침

우물 안 개구리는 바다를
매미는 하얀 겨울을 모른다
인간은 모르는 것이 없다고 으스대지만
가장 불안전한 피조물
모른다는 것조차 모른다

곤이가 얼마나 큰지
봉이 얼마나 나는지도 모르면서
더 높은 곳에서 봐야 하는지도 모르면서
공간과 시간에 갇혀 있는 인간들

보고 싶은 것만 보고
듣고 싶은 것만 듣고
믿고 싶은 것만 믿어서야 뭘 안다고 하리
내가 보고 아는 것은 태평양의 물 한 방울
보지 못한 것이 더 많다

모든 것을 초월해야 보이는 것을
자기의 눈을 경주마의 눈으로 만들어
청맹과니가 되어 간다

철없는 경제학

아내가 남편에게 인플레이션이 뭐냐고 물으니
남편 대답이
예전 당신 몸매는 36-24-36이었는데
지금은 48-40-48이 되었지
당신의 모든 것이 전보다 커졌는데
당신의 가치는 옛날보다 떨어졌지
그걸 인플레이션이라 하는 거야

불경기는
와인을 예쁜 아가씨랑 마시던 것이
맹물을 아내와 함께 마시는 것

술 취한 남자 친구는 부채이고
술 취한 여자 친구는 자산이다

어떤 경제 분석가는 아내는 둘이어야 한다고
독점은 깨야 한다
경쟁은 서비스의 질을 향상한다
아내가 하나면 그녀는 당신과 싸우지만
둘이면 그들은 당신을 놓고 싸운다

화격(花格)

사람에겐 인격
꽃에는 화격이 있다

눈 속 매화는 일품이요
서리 속 국화가 이품
진흙 속에 연꽃은 삼품이요
북향 향한 목련이 사품이라
가시로 제 몸 지키는 장미는 오품

사람에게도 품격이 있을 터
세상사 모질고 인생사 거칠어도
내 품 안에서 떠나가는 저 구름아
무엇을 탓하고 무엇을 탐하리오
오직 하지하의 인격을 가져서는 안 될 일

꽃도 피었다가 지고 사람도 늙고 쇠잔해져
사람도 늙지 않고 산다면 또 무슨 재미
사라져 가는 것들에 아쉬워하지 말자
모두가 사라지고 마는 것을

흐르는 물 따라
부는 바람 내 마음 같으니
스스로 품격 지켜 자중자애하여
후손 총생들 제사상 앞에서
흉보는 일 없으면 육품쯤 되리라

후회

웃어야 할 때
웃지 못했던 것을 후회한다
울어야 할 때
울지 못한 것을 후회한다
가야 할 곳을
가지 못한 것을 후회한다

가지 말아야 할 곳을
갔던 게 후회된다
해야 할 일을
하지 못한 것이 후회된다
하지 말아야 할 짓을
한 것이 후회된다

그러고 보니
나의 생애 전체가
後悔와 **懊惱** 덩어리다

건감선로(乾感先老)

감정이 메말라 몸이 늙어 간다
기력이나 체력보다 생각이 먼저 늙어
감정까지 늙어 가니
웃음이 사라지고
눈물이 메말라 가고
아름다운 생각을 못 하면
흥이 깨지고
표정이 어두워지며
성격도 거칠어져 공격적이다
여자가 오래 사는 이유를 보라
예쁘고 우아하고 젊게 보이고 싶어
웃으려 애쓴다
웃으면 감정이 풍부해지니
건강하게 오래 삽시다
이 좋은 세상
아름다운 노년을 위해

기(夔)

사람들이 모이면 가지가지
서로 자기 자랑
돈 많고 자식 잘 둔 사람만
부러운 게 아니더라
은퇴 후에도 일하는 사람
그냥 귀티 나는 사람
남 의식 않고 사는 사람들이
더 부러움을 받더라

발이 하나뿐인 기(夔)는
지네를
지네는 뱀
뱀은 바람을
바람은 눈(目)
눈은 마음을
마음은 끝내 기(夔)를 부러워하더라

※**기(夔)**: 발이 하나뿐인 전설 속의 외발 짐승

바뀐 세상

고흐 그림 앞에서 셀카
SNS나 Youtube로만 지식을 얻으려 한다
필터 달린 카메라로 세상을 보니 제대로 보이나

미디어의 중심이 무너지고
사소한 것에서 큰 영향을 받으니
보고 듣는 것이 모두 믿을 수 없는 허상

현재 모습이 바로 미래인 것을
올바르다는 말조차 사라지고 기울어 바뀐 세상
한쪽만 보지 말고 높은 데서 넓게 보아야
낮에도 해그림자 겨우 보인다

첫눈

첫눈 내린 세상
추억의 조각들이 하나둘 펼쳐진다

너와 나의 발자국
사라지지 않기를 바라는 마음으로

약속한 사람들 생각하며
괜스레 심란해진다

차가운 바람이 불어도
따뜻하게 서로를 감싸안는다

첫눈의 약속 묶어 두고
하얀 그리움에 하염없이 빠져들다가

나도 모르게 두리번두리번
뛰는 강아지를 따른다

제5부
불의의 먹잇감

上善若水 / 워케이션(Worcation) / 청룡과 청사 /
청명 아침에 / 회한(悔恨) / 불의의 먹잇감 /
3과 9 / 천둥 없는 벼락 / 콜로세움 /
장 트리오 / 늙어 보면 안다 / 중용(中庸) /
나는 자연인 / 전우야 잘 자라 /
참전의 추억

上善若水

물 한잔에 삶이 있다

깨끗하다
더럽다

아니다
더럽지도 깨끗하지도 않다

찻잔에서는 깨끗하고
오물통에서는 더럽다

가야금 거문고 소리도
슬픈 사람에게는 슬프게
즐거운 사람에게는 즐겁게

애당초 좋고 나쁜 것은 없다

그렇게 생각할 따름
삶은 물에서 나오고
최선의 선은 물이다

워케이션(Worcation)

놀면서 일하고
일하면서 노는 직장
MZ세대가 선호하는 요즘 풍경
일할 때 일하고
놀 때 놀라는 말은 옛이야기
누가 보지 않고
윗사람 간섭이 없으니
일의 능률이 더 오른다고
알아서 자기 멋대로 해야
창의력이 생긴다는 핑계
독서실이나 자기 방에서
듀얼 컴퓨터 하나면 딱상
많은 회사가 그러고 있다니
세상은 요지경
제멋대로 사는 것을
고개 끄덕거리지 못하는 난
분명한 꼰대

청룡과 청사

지혜와 변화 용기의 청룡
동양 문화를 이끈 상징의 해
탄핵 계엄 대행 대결 항공기 참사
장미꽃 피울 수 있을까

영리하고 지혜롭고 치밀하다는 을사년에는
기억하기 싫은 을사늑약이 떠올라
청룡이 못 이긴 국운 푸른 뱀으로 이길 수 있을지

절대자의 힘을 가졌어도 이 난국 풀어내기 힘들다
보기도 듣기도 싫은 일만 생겼던 청룡이 지킨 나라
계엄조차 무서워하지 않으니 오직 우리의 기도뿐

사람이 죽었다는데 고깔 쓴 인사들은 거기 왜 가나
유족의 위로 죽은 영혼도 반가워하지 않는 위선
무슨 수작을 벌이려는 노란 리본이 펄럭인다

비행장이 생길 때 놀란 동네 사람들
쪼그마한 동네에 국제 비행장이 세 곳
친목계원 세상 구경시켜 준다고

언제 우리가 정치꾼들 믿고 살았나
이제 정신 바짝 차려 신발 끈 질끈 매고
박살 난 이 나라 우리가 지키자
믿을 것은 우리뿐이다

청명 아침에

봄과 함께 찾아온 절기
듣기만 해도 맑고 밝게 빛난다

오동나무꽃이 피기 시작하고
보리밭에 노고지리 우짖으며
아지랑이 하늘거린다

한식과 함께 새봄의 희망
날씨가 좋으면 농사와 고기잡이가 잘되고
딸 시집갈 때 쓸 오동나무를 심고

신들도 하늘로 나들이 가는 때
손 없는 날 아무거나 해도 좋은 절기
정국은 혼란스러워

사람은 망설이지만 시간은 망설이지 않는다
끊임없이 처음인 듯 다가와
설레는 우리도 다스려 준다

청명의 가르침은 자연의 지혜
서로에게 한 발짝만 다가간다면
오해 불행까지 막을 수 있으련만
법은 하나인데 해석은 왜 백 가지일까

안타깝고 불안하여
제철 두릅에 막걸리나 한잔해야겠다
날씨 참 좋다

회한(悔恨)

진정한 마음으로 후회하고 한탄한다
가져 보지 못한 것
받아 보지 못한 것
재양육을 해 봐도
결국은 내가 나에게 주는 것이더라

부모도 처음 해 본 부모이기에
자식도 처음 된 자식이라
서툴고 부족해 회한에 잠겨 봐도
결국은 내가 해결할 문제더라

인생은 편도이기에
첫 경험이기에
자물쇠 달린 이기심 덩어리라
크고 무거운 회한을 안고 산다

이것은 하나의 마음속 돌덩이
세찬 폭우의 개울물에 쓸려가듯
돌덩이들 모두 흘려보내라
죽을 때쯤 회한과 걱정 없는 사람 없다

불의의 먹잇감

팔레스타인 지도자 하마스가
이스라엘의 네타냐후에 무릎 꿇고
젤렌스키가 푸틴에게 살려 달라고 한다면
그것이 사는 것일까
인조가 삼전도에서 청 태종에게
삼궤구고두례* 해서 얻은 것은 부끄러운 역사뿐
살려면 힘을 길러야 한다
나뭇가지는 발버둥 쳐도 바람 앞에 부러지고
창검은 장총 앞에 맥 못 추고
장총은 대포 앞에 꼼짝 못 한다
역사는 승자의 기록
정의는 약자의 울부짖음 승리는 강자의 웃음
링컨의 연설 충무공의 명언도 이긴 자의 이야기
후진국들이 하나님께 통사정해도 강대국에 먹혔고
팔만대장경을 만들어 부처님께 빌었어도
몽골군은 쳐들어왔다
세상에는 미친개가 많다
예수나 부처님도 소용없더라
힘없는 정의는 불의다

*삼궤구고두례: 세 번 무릎을 꿇고 아홉 번 머리를 조아리며 자신을 극도로 낮추고 상대방을 높이는 목적의 예법.

3과 9

딱 맞아떨어지는 짝수보다
여유로운 홀수를 좋아한다
그중에서도 3이 으뜸이고
1 3 5 7 9에 즐거워한다
국경일이 그렇고
3·1절 제헌절 광복절 개천절 모두 홀수
명절이 그렇다
설날 대보름 삼짇날 단오 칠석 백중 추석
모두가 홀수다
9월 9일은 구중이라 국화전을 부치고
장사도 3일장 아니면 5일장
삼우제도 3일 49재도 홀수
제물 가짓수도 홀수로 한다
아기를 낳으면 세이레
아기 점지는 삼신할머니
봉투에 돈을 넣어도 3만 원이나 5만 원
거기다 삼동 삼복
사람도 삼삼오오 색깔도 삼원색
三災와 三才 그리고 三宰
데모할 때도 삼보일배
술이 석 잔에 뺨도 석 대

5판 3승제에 만세도
삼창
안 되면 삼세판
우리는 홀수 민족
3으로 시작하여 9로 매듭짓는
단군의 후손이다

천둥 없는 벼락

대한민국이 위태롭다
정치가 난장판이다
야당은 브레이크 없이
나라를 벼랑 끝으로 몰고
정부와 여당은 역부족
발만 동동거리다가 국민은
어지럼병에 걸렸다

국민들이 반듯하게 일어나야 한다
동학의 용기와
3·1 정신과
4·19 혁명을 잊었단 말인가

걸핏하면 들먹거리는 국민이
언제 그런 권한 주었던가
국민 팔아 욕심 채우는
정치 모리배들
마른장마에 천둥소리 들어라

더 이상 나라를 이 꼴로 만들면
국민들이 용서한다고 해도
하늘의 별은 무섭다

대한민국은 너희가 그렇게
함부로 주무르고 가는 나라가 아니다
국민이 등 돌리는 날
우레가 없어도 벼락 친다

콜로세움

로마 상징의 자존심 원형 경기장
세계인들이
돈 내고 구경 가는 명승지를 살펴보면
로마제국의 멸망을 알 수 있다

전쟁이 아닌 구경거리로
좁은 공간에서 사람을 제일 많이 죽인 곳
한창때는 이런 곳이 로마 전역에 7천 개
지하 구조조차도 사람 죽이는 것으로 설계

식민지에서 잡아 온 사람들만 골라
아침부터 저녁까지 싸우게 하여
황제의 엄지손가락 하나로
생사람을 순전히 구경거리로 삼아
헤아릴 수 없을 만큼 사람을 죽인 장소

그림 같은 지중해를 안고
야수의 행동을 보여 준 로마인
3월부터 연례행사로 전쟁을 건다
인간의 존엄 무시하고 생명을 업신여겼으니
거대한 로마제국도 망할 수밖에
그래도 위대한 로마 찬란한 피렌체란 말인가

여행을 가면 먼저 가는 곳이 이곳
설명을 듣고 속속들이 알고 나니 구역질이 난다
불국사나 석굴암이 한 수 위더라
가장 아름다운 자랑거리더라
우리는 복 받아야 할 나라요 백성들이다

장 트리오

간장 된장 고추장
우리가 아끼는 삼 장 트리오
삶은 콩 으깨 메주를 만드니
온 동네 아낙 다 모이고
따뜻한 안방 메주 띄우느라
콤콤한 냄새 자욱하네
숙성된 메주를 물과 소금에 숙성하면
간장과 된장 되고
메줏가루에 고춧가루와 찹쌀을 섞으면
매콤달콤한 고추장 된다
세계 어느 나라에도 없는
한국인의 표상
씨간장에 햇간장을 더하면 겹장이 되어
수백 년을 간직하고
두고두고 온갖 식재료와 어울려
수천 년을 이어 온 우리의 삼 장 문화
이제는 세계문화유산
세계인의 건강 음식이 발효음식이고
여기엔 반드시 간장은 필수
K-푸드가 세상에 알려지면서
불닭 떡볶이 불고기 양념치킨

김치 담그기에 이어 장 담그기
모임과 연수가 세계 방방곡곡으로 퍼진다
바게트 문화에서
고추장 버터 스테이크로 세계가 군침
한식 고유의 채식문화와 발효음식
연구하는 세계의 셰프들은
크림 치즈 버터 대신
간장 된장 고추장 때문에 눈물 짜고
정작 우리의 젊은이들이
장 트리오를 모르고 패스트푸드 섬긴다
사계절이 뚜렷하고
산 바다 식재료가 풍부한 대한민국
어려서부터 다채로운 식재료와
전통 장으로 만든 음식에 길들여 갈
세계가 좋아하는
우리 전통 식생활의 기초교육이 필요하다
삼 장을 모르면 한국인이 아니다

늙어 보면 안다

젊어서는 재력
늙어서는 건강
젊어서 돈 버느라 건강을 모르고
늙어서는 돈 써 가며 건강 찾는다

재산이 많을수록 죽는 것이 억울하고
잘날수록 늙는 것이 억울하다
재산이 많아도 가져갈 방법 없고
잘났다고 죽어 썩지 않을 수 없다

옆에 미인이 앉으면 노인이라도 좋아하고
옆에 노인이 앉으면 미인일수록 싫어한다
아파 보아야 건강 소중한 줄 알고
늙어 보아야 시간의 가치를 안다

권력이 너무 많아 철창신세를 지고
재산이 너무 많아 도리어 쪽박을 찬다
육신이 약하면 병마가 달려들고
입지가 약하면 하찮은 놈들이 덤벼든다

세도가 등등할 때는 사돈네 팔촌도 다 모이지만
쇠락한 날이 오면 형제간마저 떠난다
아무리 늙어도 정리도 하고 관리도 해야 한다

늙은이는 남은 시간을 황금같이 여기지만
젊은이는 남은 시간의 소중함을 모른다
개방적이던 사람도 늙으면 폐쇄적이기 쉽고
진보적인 사람도 늙으면 보수적으로 변한다

자식 없는 사람은 자식 있는 사람을 부러워하고
자식이 많은 사람은 무자식이 상팔자란다
못 배우고 못난 자식도 효도하는 자가 많고
잘 배우고 잘난 자식도 불효하는 자가 많다

있는 부모가 병이 들면 자식들이 모여들지만
없는 부모가 병이 들면 자식들 걱정만 모인다
세월이 촉박한 매미는 새벽부터 울어대고
여생이 촉박한 노인은 저녁부터 심란하다

중용(中庸)

썩은 과일 도려내면 먹을 것 없고
미운 사람 걸러내면 쓸 사람 모자라고
욕을 많이 하다 보면 욕에 둔감
매를 많이 휘두르면 상대방 아픔에 둔감
나에게 소중한 것이 남에겐 하찮을 수도
남에게 소중한 것이 나에겐 하찮을 수도
타인을 잴 때는 성인군자
나를 잴 때는 흉악범

넘치지도 모자라지도 않은 것이 중용
과유불급
안방에선 아내 말 부엌에선 며느리 말
줏대 없어 보이고
처세 잘하는 것이 중용
황희 정승의 양면성

있다고 다 보여 주지 말고
안다고 다 말하지 말 것이며
가졌다고 다 주지 말고
들었다고 다 믿지 말라

나는 자연인

심심찮게 감동을 주지만
자연 속에 숨어 자연스럽지 않게 산다
하나같이
예전엔 잘 나갔는데
건강이 나빠졌거나
사업에 실패했거나
가정이 무너졌거나
세상으로부터 배신당한 사람 일색이다

오손도손 열심히 사는 사람 맥 빠진다
아이들이 보고 부러워할까 봐 두렵다
열심히 사는 사람 얼마나 많은데

피붙이 살붙이 함께 살아야 맛이 나는데
혼자 도망가서 마음고생하지 말고
어우렁더우렁 함께 살자

자연은 자연일 뿐
그곳에 산다고 근본이 바뀔까
물은 물, 사람은 사람이다

전우야 잘 자라

제갈공명의 칠종칠금(七縱七擒) 수모를 당한
남만(南蠻) 땅
프랑스 식민지로 80년이나 지배받은 월남 땅!
힘없어 강대국에 시달렸지만
그래도 살 만한 나라 월남

그들의 자유와 평화를 위해
나의 전우들이 청운의 꿈도 접은 채
싸우다 쓰러져 여기 이렇게 누워 있구나

권총을 유난히 잘 쏘던 김 중위
미국 영화에서 본 것 같았던 이 중위
미소가 어린아이 같았던 최 중위
모두가 스물네댓 살

수많은 전몰장병 가운데 가장 억울하게 죽은 전우야!
자신보다 조국을 더 사랑한 그대들이
한낱 용병(傭兵)으로 치부되는
야박한 세상, 참 원통도 하다

우리는 안다
죽어서 말하는 그대들의 숭고한 넋과 뜨거운 조국애를
나는 비록 여기 누워 있으나
부디 내 조국 내 나라 잘되게 해 달라는
그대들의 염원을

전우야 잘 자라!
살아 있는 우리는 늙어 간다만
그대들은 그때 그 청춘 그대로 누워 있으라

적국이 우방이 되고 우방이 등 돌리더라도
어느 날 좋은 세상 오면
그대들 먼저 깨우러 오리라

참전의 추억

장마 틈 뙤약볕이 무섭다
보도블록이 비틀리는 열기
굵은 소낙비가 식힌다
베트콩 총알 같은 뙤약볕
비 한 방울 구경하기 힘들었던 월남
동양의 베니스라는 건 헛소리
밤에는 베트콩 잡느라 뜬눈
낮잠 한숨 자 둬야 밤에 총을 들고 싸우는데
섭씨 35, 40도 더위에 낮잠은 사치
지프차 보닛 달걀프라이가 거짓이 아니다
월남 배추로 절인 김치는 희한한 맛
시어빠진 막걸리에 짜장면은
네 맛도 내 맛도 아닌 무덤덤
취사병은 날마다 눈물로 항변
집 떠나면 개고생 목숨 걸고 낮잠을 잔다
윤일로 "월남의 달밤"은 유행가일 뿐
막사에 걸린 태극기가 우리의 힘이었다
덥다고 너무 안달하지 말자
입추가 멀지 않았다
이 정도 더위쯤은 참전의 추억으로 충분하다

〈해설〉

인간사는 언어예술로만 그려 낼 수 있다는 시인의 존재가치 찾아가기

〈해설〉

인간사는 언어예술로만 그려 낼 수 있다는 시인의 존재가치 찾아가기

이오장(시인, 문학 평론가)

　시간은 오는 것이지만 우리가 볼 때는 가는 것만 보인다. 시간은 가면서 오는 것이며, 그 사이에서 우리가 흐름을 느낀다. 젊음은 사라지고 계절은 흘러가고 생은 소멸되는 현상을 훤하게 바라본다는 것은 악몽이며 고통이다. 시간은 유한하며 되돌릴 수 없다. 두 번의 기회가 없는 삶, 이것이 늙음이 가르쳐 주는 혹독한 진실이다. 과거로 되돌아갈 수 없으며 영원한 것은 아무것도 없다. 늙음으로 흘러가는 흐름 속에서 지나간 것은 다시 돌아오지 않는다. 이런 숙명의 길에서 조금이라도 거슬러 올라가는 방법이 있을까. 무엇인가를 새롭게 시작하고 세상에 선보이며 주도적으로 다양한 현실을 경험하면서 타성에 젖기보다는 탄생성을 실천해 보는 것은 어떨까. 행위뿐만 아니라 언어를 통해서 미래를 현재로 과거를 현재로 불러들이고 새로움을 추구하며 혁신을 이룬다면 시간을 앞서 미래를 대비할 수 있다. 이런 능력은 사람의 일상을 풍성하게 하고 기적 같은 변화를 가져다주는데 그것이 언어예술, 즉 시다.

사람은 죽음을 맞는다 해도 매일 새롭게 거듭나기 위해서 태어난다는 전제 아래, 잠시도 삶의 각성을 멈추지 않는다. 그것이 일반인과는 다른 열정으로 확산하여 사람을 들뜨게 한다. 이것은 시인의 삶이 그만큼의 역경을 견디며 왔다는 것을 의미하고 삶의 천작을 무겁게 하고 있다는 증거가 된다. 그래서 시인이 가장 중점적으로 생각하는 것은 열정이다. 인류 전체를 아우르는 정신의학의 길을 찾아내려는 의도를 항상 품고 있으므로 무엇인가를 새롭게 보고 새롭게 생각한다. 그 결과물이 언어예술 곧 시로 나타나 인간의 발전에 앞서 한 걸음 더 빠른 해답을 내놓는다.
　선형기 시인의 언어는 실행에 옮기기 전에 이미 사유에서 싹터 사색의 길을 가는 예술로 표현하는 특징이 있다. 사람은 항구적이지 않으며 멈추지 않는 시간을 붙잡지 못한다. 영원한 순환에 끝없이 휩쓸려 가는 운명으로 잠시 머물다 가는 덧없는 존재도 아니라는 생의 후반부에 깨우친 언어예술을 펼친다. 또한 네 가지의 본질적 열망이 존재한다. 사랑, 명예, 자유, 구국의 일념에 대한 열망이다. 해병대에 입대하여 청룡부대 용사로 월남전에 참전한 용기는 시인의 자유 수호의 열정을 말해 준다. 일찍부터 문교정책을 담당하는 직무를 수행하고 교육행정에 크게 이바지한 것은 물론 교육 현장에 직접 뛰어들어 후학 양성에 전념하다가 고등학교장으로 정년을 맞이한 경력이 이러한 기본적 삶의 방식을 갖추게 하였고, 노익장을 펼치게 하는 원동력이 되어 인간의 삶이 무엇과 비교되며 어떻게 그것을 극복하고 아름다움을 갖춰 가는지를 펼친다.

1. 자신을 알고 그것을 타인에게 알리는 돌출적인 자아현실

시는 자신을 알고 그것을 타인에게 알리는 일종의 돌출적인 자아현실이다. 자신이 먼저 깨우치고 그 깨우침을 공통으로 공감하게 하려는 욕구에서 비롯된 창조 행위지만 나를 알리려는 의식적인 행위다. 선형기 시인의 감각기관은 늘 외부의 자극에 밀어 넣고 있어 감각이 무뎌지는 것을 방지하고 비율과 만족도는 정비례한다. 두 가지 이상의 움직임에서 함께 증가시키거나 감소하는 작용을 정확히 이해하고 일상생활의 모든 움직임을 주시하여 자신만의 자아현실의 길로 인도하는 힘이 있기에 시를 쓰는 힘이 된다. 이런 힘은 인생 전부를 정의롭게 살았기 때문이며 오차 없는 삶을 펼쳤기에 가능하다. 사회를 향한 정의 구현, 인생을 향한 삶의 가치, 미래를 위한 인류의 방향을 예측하는 힘이다.

탱자 찔레 장미 아까시나무
꽃이 아름다워도
빈약한 가지에 가시가 사납다

가시 돋쳐 한 아름 된 나무는 없다
가느다란 가지를 지키기 위해

안간힘을 다해 가시를 만든 나무
바람 피하지 못한다

입에서 나오는 말가시
욕망을 위한 주먹가시
사는 것도 마찬가지
가시가 없는 사람이 성현이 된다

가시 감춰 꽃을 피우고
향기를 뿜어 현혹하는 가시나무는
오래 살 수 없고
큰 나무가 되지 못한다

가시 없이 너그러운 거목이 되고
적재적소에 필요한 나무가 되려면
날카로운 가시를 거두고
의젓한 자세로 큰 눈을 떠라

- 「가시나무」 전문 -

　생태학적으로 본다면 가시는 살아가는 방법이다. 물이 부족한 사막에서는 수분을 허비하지 않기 위하여 잎을 가시로 바꿔 살아가고, 장미나 해당화 찔레 등은 자신을 보호하려는 본능으로 가시를 만들어 살아간다. 함부로 침입하지 말라는 경고성 방편이다. 대부분의 식물에는 가시가 존재한다. 엉겅퀴 같은 야생초도 가시를 생성시켜 자신을 보호하는 역할을 한다. 가시는 침이다. 찌르는 공격용이 아니라 지키는 방어용 침으로 생태계의 일부를 차지한다. 사람에게도 이와 같은 현상을 갖춘 부류가 있다. 겉으로는 보이지 않으나 감춰진 가시, 그것은 언어로 만들어진 과용의 가시다. 시인은 식물의 가시에서 사람의 가시를 발견하고 여기에 삶의 해답을 내놓는다. 꽃이 피고 가시가 돋치는 것은 꽃을 보호하는 일이지만, 오히려 가시 때문에 우람하게 자라지 못하고 영원히 관목으로 살아가는 나무에서 사람의 심리를 파악한다. 언어로 살아가는 사람이 가시를 돋운다면 아무도 접근하지 못하고, 욕망을 위한 힘의 가시는 금방 허물어지는 역효과를 나타내며, 가시가 없어 아무나 포용하는 너그러움이 성인을 만든다는 삶의 이치를 밝힌다. 가시를 감춰 꽃을 피우고 향기로 유혹하는 가시나무는 오래 살 수도 없고 가시가 없어야 너그러운 사람이 된다는 교육적인 이미지를 그렸다.

나이가 든다는 것은
아름다운 일이다

마음을 비우고 살 수 있고
여백에 갖가지를 담을 수 있고
시기와 질투가 떠난 자리에
사랑과 너그러움을 채울 수 있다

남의 잘못은 보이지 않고

잘한 것만 보이는 마음의 눈 뜨고
시간에 쪼들리지 않으며
흰 구름을 볼 수 있어서 좋다

모든 것을 잊어도
가슴 아파하지 않는 여유

늙는다는 건 고귀하고 아름다운 것
이제 알았으니 멋지게 살자
- 「늙은 멋」 전문 -

 일반적으로 늙었다는 의미는 나이가 많은 것으로만 생각한다. 사람의 수명은 정확하게 정해지지 않았지만, 생을 시작하면서부터 곧바로 늙어 가는 현상을 겪는다. 하지만 보통으로 전체 수명 중 후반부로 접어들면서부터 늙었다고 느낀다. 정해진 수명의 끝을 보는 나이, 삶의 태반을 격동으로 보내고 마무리하는 때, 이를 늙었다고 하는데 그것은 스스로 먹는 것이 아니므로 늙었다는 건 잘못된 말이다. 다만 나이가 들어 삶을 제대로 가꿀 줄 알고 아름답게 보인다는 의미다. 선형기 시인은 그것을 멋이라고 한다.
 젊었을 때는 의욕에 넘쳐 무엇이든 무섭지 않고 그 누구도 두렵지 않았지만, 이제는 아니다. 청춘을 혈기 넘치게 보냈던 그때는 몰랐던 것들이 훤히 보이는 나이에 이르러서 비로소 멋을 찾은 것이다. 이게 삶의 정설이다.

그러나 대부분 그렇게 표현하지 않는다. 힘없는 것이 서럽고 가난한 것이 억울하고 나이가 든 것이 슬프다. 그런 서러움을 풀어내는 것이야말로 최고의 철학이고 인생 정답이다. 늙을수록 마음을 비워야 하며 시기와 질투가 있던 자리에 사랑과 너그러움이 채워진다면 가장 아름답고 보람된 삶이라는 것을 읽어 낸 시인은 자세를 낮춰 아래를 보니 비로소 삶이 보였다는 고백을 한다. 모든 것을 잊어도 아파하지 않는 여유는 늙었다는 것을 슬퍼하지 않는 데서 나오고 그것을 알았으니 이만한 멋이 어디 있겠는가.

인생을 결산해 보면 결국 합은 같다

본전만 된다면 노름이 재미있고
죽지만 않는다면 전쟁도 해볼 만하고
들키지만 않는다면 바람도 피울 만하다

인생은 파도다
또 다른 어떤 파도가 밀려올지 모른다

냄비 속 개구리의 교훈을 기억하라
적당량의 고뇌의 파도는 각오하라
하늘은 이겨 낼 만큼 고통을 준다

삶은 이겨 내는 과정의 연속이고

살아간다는 것은 견뎌 내는 것이다

인생 별거 아닌 대차대조표
남에게 피해 주지 않고 큰 손해 없으면
그게 한평생 잘 사는 거다
- 「인생, 대차대조표」 전문 -

우리의 삶을 한눈으로 밝혀낸 시다. 기업의 상태를 단번에 알아볼 수 있게 도식화한 도표는 사업의 실태, 현황과 방향을 알 수가 있어 투자자를 모으고 미래의 투자처를 차지하는 근본이 된다. 이것을 인생의 대차대조표로 그려 내려면 무엇이 필요할까. 인생은 정답이 없다. 있다면 태어나 자라서 가업을 이루고 후손을 만들어 낸 뒤 온 곳으로 돌아간다. 한데 복잡하다. 정신(精神)이라는 것에 지배를 받으며 혼란을 가중시키는 무정답의 생이기 때문이다. 여기에서 정(精)은 사람이 갖춘 뇌의 생각을 말하고 신(神)은 하늘을 말하는 것으로 스스로의 생각으로는 삶을 이룰 수 없다는 의미다. 그래서 우리는 혼란 속에 살 수밖에 없다.

정을 빼면 자연만 남고 신을 빼면 자신만 남지만, 어느 쪽으로 치우친다면 제대로 된 삶을 이룰 수가 없다. 시인은 이것의 방향을 짚어 내 인생 대차대조표를 만들었다. 이러한 도식을 그리는 힘은 어디에서 왔을까. 누구보다 많은 체험과 철학적인 삶의 자세를 갖췄기 때문에 가능하다. 또한 유교적인 지식과 인생의 답을 찾으려는 고뇌가 만들어 낸 결과다. 인생 결산의 합을 먼저 알아낸 후 점차적인 도형을 만들어 누구나 겪으며 고뇌하는 길을 그렸다. 언제나 실패가 먼저 오는 인생, 좌절하면 끝이고 끝을 알고 나면 허무하다. 삶은 이겨 내는 과정이고 살아간다는 것은 견디는 것이라고, 같은 인생 대차대조표를 틀리게 본다면 틀리고 바르게 본다면 바르다. 남에게 피해를 주지 않는 삶이라면 잘 사는 것이라는 답을 얻는다.

2. 체험과 도덕적인 가치관을 확실하게 세운 삶의 철학 펼치기

  선형기 시인의 언어는 목표, 이상, 행복 등 가치가 있는 것들은 전부 미래에 둔다. 논리적이고 합리적이라 여겨지는 사고방식을 미래를 위해 부단히 노력하거나 꿈을 이룰 방법을 고민하지 않는다면 가치관을 찾기란 어렵다는 것을 인식한다. 여기에는 자기만의 체험과 도덕적인 가치관을 확실하게 세운 삶의 철학이 뚜렷하다. 그렇다고 지시하지 않는 그러나 가르침을 벗어나지도 않고 언어의 예술성을 놓치지도 않는다. 이것은 그만큼 이룬 삶이 정도에서 벗어나지 않았다는 것이며, 사회현상에 대한 눈빛을 한시도 꺼트리지 않았다는 증거다. 무엇을 보든, 시적인 대화를 찾아내고 그것을 삶에 비유하여 얻어 낸 철학적인 사유를 아름답게 펼쳐 간다. 삶에서 얻어진 열정을 그대로 언어로 옮겨오는 안목을 지녔기 때문에 가능한 일이지만, 한 치도 벗어나지 않는 정도의 길에서 자신을 던져 밖을 보는 공동의 의식구조를 정신에 맞춰 새로운 공동체의 언어를 찾았다.

> 마누라의 말 무조건 "옳소!"
> 하는 일은 모두가 "잘했소"
> 토 달지 말고 "알았소"
>
> 궂은일은 도맡아 하는 "마당쇠"
> 모른 척하는 "모르쇠"
> 트집 잡힐 말은 절대 하지 않는 "자물쇠"
> 돈은 아껴 쓰는 "구두쇠"
> 밤에도 열렬히 봉사하는 "변강쇠"
>
> 3소 5쇠의 따르릉
> 만사가 화평하고 생기가 넘친다
> - 「화목을 위한 3소 5쇠」 전문 -

'어떤 삶을 살아야 평화롭고 안식을 찾는가.'라는 문제는 인류 역사에서 가장 화두였다. 혼자만의 평안은 없다는 것을 알게 된 후부터 사람의 삶은 더 힘들어졌고, 이것을 이겨 내려는 몸부림으로 일생을 보낸다. 없다고 남의 것을 빼앗을 수가 없으니 어떻게든 얻으려면 무슨 수단을 동원해야 하는데 자연이 주는 것은 분명 한계가 있어 부족함을 느끼게 되어 온갖 수단을 다해 보지만, 목적을 이루지 못하는 이유는 딱 한 가지다. 자기중심적인 좁은 소견으로 오직 자기만을 위하여 살아가려는 고집 때문이다.
 세상에는 많은 사람이 있고 서로 어울려 협력으로 살아야 한다, 이것은 사는 만큼 커지므로 더욱 큰 폐단을 만들기도 한다. 시인은 이것을 고치는 방법을 찾았다. 3소 5쇠 법칙이다. "옳소" "잘했소" "알았소" 자신을 낮춰 상대방에게 긍정적인 에너지를 전달한다면 저절로 이뤄진다. 여기에 "마당쇠" 되어 온갖 궂은일을 하고 아는 것도 모르는 "모르쇠" 되어 함묵하여 비밀을 지키고 트집잡힐 일은 절대로 하지 않는 "자물쇠"가 되고 절약의 "구두쇠" 열심히 봉사하는 "변강쇠"가 된다면 만사가 절로다. 위트가 넘치는 언어로 삶의 단면을 그리고 거기에 재치의 언변을 더하여 언어의 묘미를 살렸다.
 「워케이션(Worcation)」「산을 좋아하면」「나의 애첩」「거울 앞에서」「남자와 여자」「거시기」「3과 9」 등의 시에서도 이러한 현상이 두드러진다.

　　황혼은 끝이 아니다
　　아직도 끓어 사랑의 아픔이 그립다

　　누가 노을을 종점이라 했나
　　부는 바람이 설레게 하고
　　떠오른 초승달 미소가 뜨겁게 달구고 있는데

　　해넘이 인생이 별빛 쏟아지는 낭만으로
　　숨소리는 뜨겁고 힘차다

수평선 너머로 돛단배 타고
뱃고동 우렁차게 펄펄 끓이며
길은 걸어온 만큼 많이 남았다

눈물 흘리지 않는다
활화산으로 뿌리며 살아온 삶
아름답게 품고 웃음 지며
산 넘고 바라보는 삶이 얼마나 아름다운가

더 뜨겁게 사랑하며
이만큼 쌓아온 탑 보이지 않을 때까지
남김없이 나누며 활활 태우자

- 「황혼에 서서」 전문 -

 나이를 먹을수록 기력이 왕성해진다는 것이 노익장이라고 한다. 주위에 흔하게 그런 사람이 존재하고 그런 분들을 존경하며 사회는 발전한다. 청춘이야 누구든 다 가지고 있었지만, 노익장을 가지지는 못한다. 왕성하게 살다가도 갑자기 병마를 얻거나 사고를 당하는 사람이 얼마나 많은가. 마지막까지 힘이 남아돌아 노익장을 과시하고 싶어도 생각한 대로 되지 않는 게 사람이다. 사람에게는 일정한 기간이 있다. 그중 황혼을 말하는 것이 가장 두렵고 싫지만, 황혼의 빛이 화려하기를 원한다.
 해가 서쪽으로 기울어 갈 무렵의 하늘은 지구에서 가장 아름다운 빛을 발한다. 사람도 늘그막에 가장 밝은 빛을 발해야 성공한 삶이다. 그렇지만 화려한 황혼 빛으로 사는 사람이 몇이나 될까. 시인은 그런 사람이다. 구름 없는 하늘에 뉘엿뉘엿 지는 황혼 빛을 가졌다. 이 빛은 언제나 훤하게 밝힌다. 청년 시절부터 왕성하게 이뤄 낸 빛의 파장이 멈출 줄을 모른다. 노을은 종점이 아니고 초승달 아래 새롭게 부는 바람이라는 정신적인 여유를 늘 지니고 낮에도 별을 노래하는 낭만적인 삶의 밝기다. 눈물은 못난 자의 후회라며 긍정적이면서도 아름답게 살아온 생임을 엿볼 수 있다. 때문에 이런 언어의 탑을 쌓게 되었다.

겉모습만 보고 판단하는
인맹이 너무 많다

음식 냄새는 십 리를 가고
사람의 향기는 천 리를 간다는데

사람으로 보지 않고
그저 이용만 하는 이기심

똑똑한 사람보다는 따뜻한 사람
능력 있는 사람보다는 믿을 만한 사람

이기심을 버리고 사람을 통해
배우겠다는 태도를 가지자

세상 모든 일은
사람의 힘이 모여야만 이루어진다

껍질만 보고 속을 알 수 없듯이
겉모습으로 판단하는
인맹이 되지 말자

- 「인맹(人盲)」 전문 -

　지구에는 80억 명이 산다. 그중 자기 외에 몇 명이나 알고 살아갈까. 친구라고 칭하는 주위 사람도 진정하게 마음을 주고 사는지 생각해 보면 대부분 자기 외에는 없다. 그 많은 사람 중에 오직 자신만이 존재한다는 망상, 그것이 우리의 진실이다. 여기에 아주 가깝다고 하는 부부와 가족들 모두 속속들이 안다고 장담할 수 있을까. 사회는 분류된 집단이다. 하나하나가 이뤄 낸 단체로 국가를 이루고 넓은 방향으로 삶을 도모한다. 그러므로 어떻게 만나든 하나여야 정상이다. 그게 하늘 아래 가장 우수한 동물 인간이다. 하지만 전체가 개인일 뿐이다.
　역사적으로도 조금 우세하다고 타민족을 야만인으로 취급해 침략하여 빼앗고 죽였다. 그런 역사를 지니고 살면서 현재를 만들었으나 아직도 마찬가지다. 종교를 만들어 탄압하고 믿음의 우상으로 싸운다. 그런 조건과 행위는 문명이 발달할수록 더하다.
　선형기 시인의 도덕적인 지혜는 이것을 비껴가지 않는다. 겉모습만 보고 사람을 판단하여 오직 자신의 잣대로

만 대하는 무지한 사람을 무시하고 가진 것과 못 가진 것의 차이를 만드는 무지, 사람을 이용하여 이익을 취하는 무지, 오직 자신만이 세상을 가질 수 있다는 무지, 협력의 도를 알지 못하는 무지 등 사람이 사람의 행동을 보이지 않고, 사람을 알아보지 못하는 인맹(人盲)의 현시대를 질타한다. 인류는 유교적인 도덕과 기독교적인 사랑, 불교적인 자비로 이룩된 이성의 집합체지만 그조차도 사람을 분류하는 지경이다. 인간의 무지를 일깨워 올바른 정신의 방향을 가리키는 시인은 시대의 현자라고 할 수 있겠다.

3. 외부적인 현실을 구성하고 내면적인 현실을 이룩하며 자아의 실체 창조하기

 선형기 시인은 살아 있는 언어, 움직이는 사물 이해의 세계를 정리해서 표현하는 힘뿐만 아니라 우리의 삶을 언제나 일정한 각도에서 드러나게 하는 표현의 힘을 가졌다. 그래서 언어는 논리적인 이성의 조작품이 아니고 역사적인 삶의 피조물인 동시에 삶의 창조주다. 외부적인 현실을 구성하고 내면적인 현실을 이룩하며 자아의 실체를 창조하기 때문이다. 언어 이전의 세계는 어둠이며 혼돈이라는 것을 확실하게 파악한 힘으로 언어를 통해서 의도가 밝혀지고 빛이 났으며 현실이 창조된다는 사실을 사회현상에서 찾는다.
 다른 사람보다 앞서 생각하고 언어의 울타리 안에서 깊은 현실을 지향하여 낡은 언어의 새로운 사회현상을 찾아간다. 예로부터 내려온 전통적인 사고방식에 현대의 사고방식을 접하여 인간이 살아가는 힘이 무엇이며 어떻게 살아야 바른 삶인가를 밝혀 간다. 시대에 우뚝한 깃발이 되듯 사회 곳곳에 만연한 구태를 드러내어 새로운 인간성을 보여 준다.

아내가 남편에게 인플레이션이 뭐냐고 물으니
남편 대답이
예전 당신 몸매는 36-24-36이었는데
지금은 48-40-48이 되었지
당신의 모든 것이 전보다 커졌는데
당신의 가치는 옛날보다 떨어졌지
그걸 인플레이션이라 하는 거야

불경기는
와인을 예쁜 아가씨랑 마시던 것이
맹물을 아내와 함께 마시는 것

술 취한 남자 친구는 부채이고
술 취한 여자 친구는 자산이다

어떤 경제 분석가는 아내는 둘이어야 한다고
독점은 깨야 한다
경쟁은 서비스의 질을 향상한다
아내가 하나면 그녀는 당신과 싸우지만

둘이면 그들은 당신을 놓고 싸운다
- 「철없는 경제학」 전문 -

정신이 번쩍 들게 하는 시다. 우리가 잊고 있던 자아를 단번에 일깨워 자신을 알라는 소크라테스의 말을 새기게 하는 재치의 시다. 언어로 삶의 깊은 천착이 없다면 찾을 수 없는 교훈적인 작품이다. 인간은 생활하는 데 있어 필요로 하는 대화나 용역의 생산, 분배, 소비하는 모든 행위를 스스로 만들어 가며 살아간다. 경제를 똑바로 판단하지 못하면 한 가정은 물론이고 나라와 전체 국가가 극심한 고통에 처하여 불신의 원인이 된다. 시인은 아주 쉬운 설명으로 경제를 설명하고 어떤 삶이 올바른 것인지를 해학적으로 밝힌다.

인플레이션을 묻는 아내에게 이렇게 설명하는 시인의 모습을 상상해 보라. 불경기는 와인을 다른 여인과 마시다가 아내와 함께 물을 마시는 것으로, "술 취한 남자 친구는 부채이고 / 술 취한 여자 친구는 자산이다"에 폭소가 터진다. 여기에 더하여 새로운 경제학을 보면 실소가 나온다. 아내는 둘이어야 하고 독점은 깨지는 것이며 "아내가 하나면 그녀는 당신과 싸우지만 / 둘이면 그들은 당신을 놓고 싸운다"는 의식적인 발언은 물질에 물들어 가는 사회적인 현실을 단숨에 뒤집어 놓는 훈계다.

진정한 마음으로 후회하고 한탄한다
가져 보지 못한 것

받아 보지 못한 것
재양육을 해 봐도
결국은 내가 나에게 주는 것이더라

부모도 처음 해 본 부모이기에
자식도 처음 된 자식이라
서툴고 부족해 회한에 잠겨 봐도
결국은 내가 해결할 문제더라

인생은 편도이기에
첫 경험이기에
자물쇠 달린 이기심 덩어리라
크고 무거운 회한을 안고 산다

이것은 하나의 마음속 돌덩이
세찬 폭우의 개울물에 쓸려가듯
돌덩이들 모두 흘려보내라
죽을 때쯤 회한과 걱정 없는 사람 없다
- 「회한(悔恨)」 전문 -

 사람에게 다음 생이 있다면 어떻게 될까. 이번에 못 살았던 것을 다음 생에 이룰 수 있다면 지금의 생을 잘 살필 수 있을까. 단임제 최고 권력자 대통령 임기를 보면 확연하게 드러난다. 다음이 없으니 죽을 둥 살 둥 발버둥 친다. 오직 한 번인데 누리면 그만이다. 대개의 사람도 마찬

가지다. 다음이 있다면 더 잘하려고 노력하지만, 한 번뿐인데 최고로 살아야 한다는 관념에 갇혀 흥청망청 살아간다. 그러나 인지력을 갖춘 사람에게 정신적인 후회를 만든다. 무엇이든 실행하면 회한을 남긴다. 후회는 반드시 생산적이지 않다. 다만 따라오는 후생에게 교훈을 준다.

  시인은 삶의 끝을 바라보는 원로다. 최고의 행운을 누려봤고, 최고의 고난을 당해 본 한마디로 풍전수전 다 겪은 백전노장이다. 그런 시인이 회한을 말하는 것은 무엇인가. 인생의 정답을 찾아가다가 끝내 해답을 찾지 못하고 살아온 과정을 되돌려 보는 정도를 느꼈기 때문이다. 누구나 태어난 것은 처음이고 죽음도 처음이다. 처음으로 겪는 것에 혼란을 느끼지만, 어떻게든 살고 보니 뒤늦게 무엇인가를 느끼는 것, 그것은 모두에게 회한을 주고 뉘우침에 괴로움을 준다. 아무리 떨쳐 내어도 사라지지 않는 덩이다. 그것까지 흘려보내야 비로소 참 인간이라는 것을 깨우친 것이다.

4, 인간의 고유한 특성이나 본질을 탐구하여 인간 이해의 새로운 장을 열어가기

  선형기 시인은 시를 외면하는 사회는 미래가 없다는 것을 확실하게 보여 준다. 물질이 아무리 넘쳐도 정신은 한계에 부딪치게 되므로 그것을 해소하고 존재를 일깨워 주는 것은 오직 시밖에 없기 때문이다. 사람은 행동만으로 존재하지 않으며 물질에서 만족을 얻는 것은 아니다.

눈에 보이지 않는 것, 움직임의 동기, 의도, 욕망 등 수많은 정신적인 고뇌에서 벗어나지 못한다. 그것을 해소하고 올바르게 이끌어 가는 시야말로 사는 것이 무엇인지 헤아리는 동기를 마련해 준다. 시인은 밀려오고 밀려가는 감각, 생각, 회한 등으로 괴롭힘 받는 것에서 원인을 찾아내고 그것을 해결할 방향을 제시하는 선구자라는 말은 누구도 부정하지 못하는데 시인은 그것을 확실하게 보여 준다.

인간을 단순한 신체적 혹은 정신적 존재로만 보지 않는다. 그것을 뛰어넘어 인간이 가지고 있는 고유한 특성이나 본질을 탐구하여 인간 이해의 새로운 장을 열면서 작품을 그려 낸다. 자신을 알고 언어예술로만 그릴 수 있다는 신념을 가졌으며, 타인에게 자신을 알리는 돌출적인 자아현실을 이뤄 냈다. 이것은 삶의 체험과 도덕적인 가치관을 확실하게 세운 결과이며, 외부적인 현실을 구성하고 삶의 철학에서 나온 시적 자아라고 할 수가 있다. 노익장을 드러낸 이번 시집이 사회적인 병폐를 깨어나게 하는 동기가 될 것이다. 첫 시집 상재에 박수를 보낸다.

선형기 시집
인생, 대차대조표

제1판 1쇄 발행 · 2025년 8월 25일

지은이 · 선형기
펴낸이 · 이석우
펴낸 곳 · 세종문화사
편집 주간 · 김영희

주소 · (03740)
　　　서울 서대문구 통일로 107-39, 222호
　　　E-mail: eds@kbnewsnet
전화 · (02)363-3345
팩스 · (02)363-9990

등록번호 · 제25100-1974-000001호
등록일 · 1974년 2월 1일

ISBN 978-89-7424-214-5   03810

값 13,000원